झूमते दरख़्त और उफ़ुक का संगीत

एक खूबसूरत घाटी, जंगल की ओर ।
वो हरी शाम, हरियाली और मोर ।।

दीप्ति 'दरियादिली'

डायमंड बुक्स
www.diamondbook.in

प्रकाशक : डायमंड पॉकेट बुक्स (प्रा.) लि.
X-30, ओखला इंडस्ट्रियल एरिया, फेज–II
नई दिल्ली–110020
फोन : 011–40712200
ई–मेल : sales@dpb.in
वेबसाइट : www.diamondbook.in
संस्करण : 2023

Jhoomte Darkht Or Ufuk Ka Sangeet
by *Dipti 'Dariyadili'*

कवित्व बरसात : एक रोमांटिक इतिहास

विषय सूची

खण्ड-अ

खण्ड-ब वियोगजनित काव्य, शायरी, क्षणिकाएँ

खण्ड-स विविध रचनाएं

“खण्ड-अ”

-: प्रेम योगी :-

जुगनुओं की जगमगाहट,
धुएं का रास्ता
पत्तों में कम्पन
सूना रास्ता
खड़ा हो गया
आकर
दे अपना
वास्ता ।
धधकती छाती
में प्रेम का लम्हा,
ज़माने से बेखबर
साथ हो लिये,
पंख लगाये,
नीले आकाश तले
वितान तानकर ।
घर बनाना

सपना सुनहरा

निर्जन बसेरा

पक्षियों का कलरव

निर्जन अंतस्तल

प्रेम योगी

कदम्ब तले

सन्नाटा ! सन्नाटा !

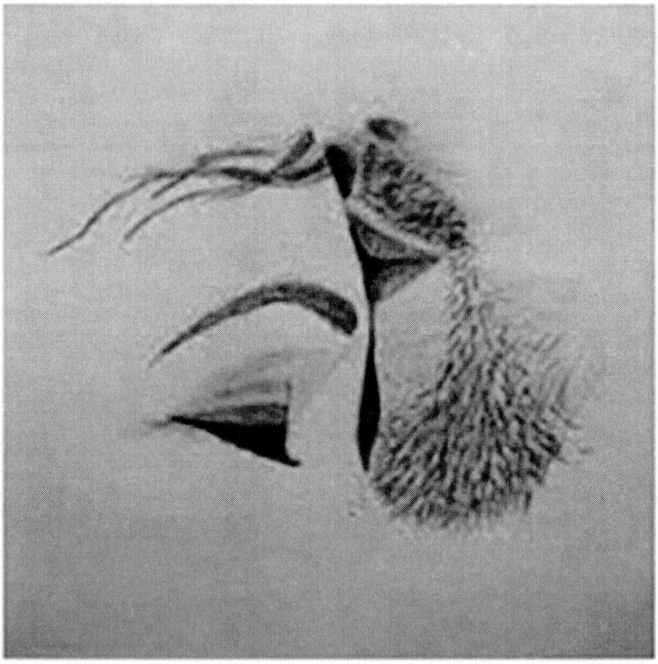

-: तुम्हारी मंजिल :-

मन करता है, मैं तेरी हो जाऊँ ।
तेरे गीतों को मैं चुरा लाऊँ ।।

महकते सँवरते गीतों
के पल यहाँ-
मदहोशियों के उगते
कँवल यहाँ-
अरमानों के पंख
लगा, मैं उड़ जाऊँ। तेरे गीतों को...

मन करता है, मैं तेरी हो जाऊँ ।
तेरे गीतों को मैं चुरा लाऊँ ।।

पिघलते, सुलगते साँसों
के लम्हे यहाँ।
बज उठती शहनाइयाँ
देखूँ तुम्हें जहाँ।
आसमानों में पंख
लगा, मैं उड़ जाऊँ। तेरे गीतों को...

मन करता है, मैं तेरी हो जाऊँ ।
तेरे गीतों को मैं चुरा लाऊँ ।।

अविरल प्रवाह

मन
मयूर
सा
नाच
उठा
दिग-दिगन्त
दिशाओं में,
खुशबू उसकी
उस
शख्स की
घुल गयी
हवाओं
में,
नाच
उठा
तनमन
मेरा
अस्तित्व
हिलोरे
ले
उत्ताल
तरंगों सा;
लम्हा

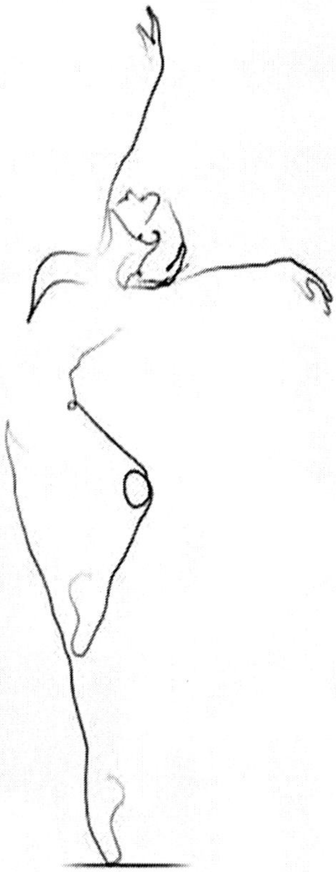

लम्हा

बिखर

जाता

सपनीले

पंखों पर;

वादे कसमों

की पगडंडी

चारों ओर

मन से गुजरती

जाती,

घुमावदार

मोड़ों से

सरकते

जाते

तुम्हारे

हमारे

कदमों

से

रास्ते ।

नहीं मालूम

इन

रास्तों का

ओर-छोर;

पर

मंजिल है-

बेशुमार

प्यार की ।

चुनरिया

मीठे–मीठे

ख्याल

ताना–बाना

प्यार का

बुनी है

चुनरिया ।

लगाये

यादों के सितारे

जुगनू से

टिमटिमाते

प्यार के

चंदोबे

रेशम

से

जगमगाते ।

मधुर निर्झणी

प्रिय ! मैं तेरी सहचरी बन जाऊँ
निशाचरी अर्द्धांगनी, सुवासिनी
और
प्रेम रस बरसाने वाली
मधुर-मधुर निर्झणी बन जाऊँ
प्रिय ! मैं तेरी x x x x

दरिया के किनारे

दरिया के किनारे
तुम्हारी बाँहों के सहारे
एक ही छाया चित्र
से खड़े हुये हैं;
सूरज की चादर
लपेटे हुये हो
बाँहों के दायरे में
मुझे समेटे हुये हो ।
तेरा मेरा चेहरा भी
साफ नजर नहीं आता
मेरे गेसुओं को तुम
कमर पर लपेटे हुए हो।
तेरे रोम छिद्र मेरे स्निग्ध
बदन को उर्जायित करते
मेरा अस्तित्व तेरे में
पिघलता जाता

धड़कनों के साज पर
हरपल मेरा अस्तित्व
सिहरता जाता
ठहरता जाता ।
हम सदियों से
तुम्हारे अंदर ठहर
चुके हैं ।
बात यदि रही
तेरे मेरे बदन
की लिपटी दुशाला की;
तो सिर्फ एक
बहाना है ।

धरती पुत्र और आकाश की परी

आसमान कुछ दूर है
और एक फासले पर
है चाँद ।
चाँदनी का एक कतरा
सा छिटक गया
रोशनी में एक
अर्द्ध सितारा सा
चमक गया ।
अँधेरे पिघलते जाते
मोम से
उजाले के दर्प में,
जगमगाता जाता
दूधिया सा
चाँदनी का अंग
फिसलता जाता
अँधेरे का ओर छोर ।
उजला-उजला
चाँदी का बदन
काले आसमान में
लहराते-लहराते

से केश ।
अंगिया में चटकते सितारे
किरनों की गोट
किनारे-किनारे ।
उजले-उजले रुई
से बादल तैरते
जाते समवेत ।
श्वेत पंखों को
फैलाये, चाँद की परी
चाँदनी श्वेत ।

एक पागल पथिक
आवारा
बांहे फैलाता
उसे बुलाता
खेतों में, खलिहानों में,
सड़कों में, गलियारों में,
पथरीले दिवसों में
चौबारों में ।
गर्द भरे रास्तों में
कैसे आयेगी वह
चाँदी की परी,
बादलों पे चलती है
और चाँद है
घर जिसका
उजाला ही बलम
उसका ।

-: नादां जिंदगी :-

जाने क्यों मैं
तुम्हारे पहलू से
गुजरती जा रही
होश आया नहीं
मुझे, उतरती जा रही ।

एक काफिला था
मोड़ पर ही-
मैं तो तेरे रास्तों
पर, पीछे-पीछे
आ रही।

चेहरे का फूल
खिल गया
जवानी किस कदर
शोलों के होंठों पर
भड़कती जा रही
मुहब्बतों की काशिश
आग में ढलती
जा रही
नादां जिंदगी

फिर-फिर
संवरती जा रही ।
आज तेरे कूचे
में, मैंने पैगाम
भेजा है
मस्ती की ऋतु
है, अंजाम
भेजा है ।
मेरी माँग में
है बरसते सितारे
तेरे होंठो को
मैंने पैगाम
भेजा है ।

देर मत कर
जल्दी ही आना
तेरा मेरा
रास्ता करीब
ही रहे;
जुदा न
हो जाय ।

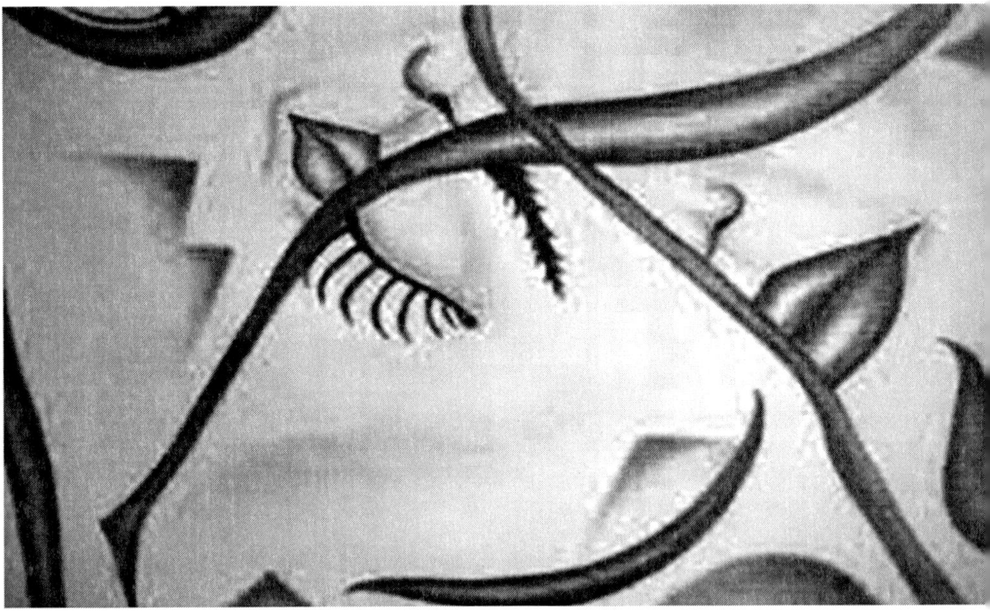

किस्सा सफर का

झिलमिलाता पानी
झील का सफर,
रास्तों ने तय
कर दिया
इन किस्सों
की डगर ।
चमकीले बौर
और हरा पानी
नानी माँ सुनाती
थी ये कहानी;
कैसे मेघ
बरसता था ।
आसमान से,
पिघलते सूरज
की सतरंगी
किरनें ।
खिली हुयी
धूप में
बरसता सावन,
कीकर के
काँटों से

उलझता दामन ।
लम्हा-लम्हा
बिखर जाता
सतरंगी पंखों पर
उन्मुक्त हवाओं पर
गुंथि हुयी बेलों
की लड़ियों पर,
झुकी हुयी तन्वंगी
लताओं पर
चंचल समीर
बह उठता
मंद-मंद

चारों ओर
निश्चेष्ट !
कंटीली झाड़ी
और गुल्मों से
ढकी जमीन,
बुरूस का गुच्छा
लाल सेंवर के
फूल
आदि से अंत तक
का सफर
सुनाता कहानी
अपनी जुबानी ।

ऐ सैलानी

ऐ सैलानी ले चलो मुझको अपने साथ ।
धीरे-धीरे ले चलो मुझको अपने साथ ।।
रूप तेरा, खुशबू तेरी
तू ही तू मुझमें समाया ।
है सजाया तन ये मैंने
मन में ही तुझको बसाया ।।
ऐ सैलानी ले चलो मुझको अपने साथ।
धीरे-धीरे ले चलो मुझको अपने साथ।।
मन का आँगन सूना-सूना
सूना है ये दिल का कोना ।
आग लगी मेरे मन में
देखा जब से रूप सलौना ।।
ऐ सैलानी ले चलो मुझको अपने साथ ।
धीरे-धीरे ले चलो मुझको अपने साथ ।।
भीगी-भीगी पलकें मेरी
बिखरी-बिखरी अलकें मेरी ।

याद करती हैं तुम्हें ही

साँसों की सरगम ये मेरी ।।

ऐ सैलानी ले चलो मुझको अपने साथ ।

धीरे-धीरे ले चलो मुझको अपने साथ ।।

नाम न जानूँ पता न जानूँ

दूर बादल बन मुस्काते ।

कभी सितारों से चले आते

झिलमिल-रिमझिम स्वप्न सजाते ।।

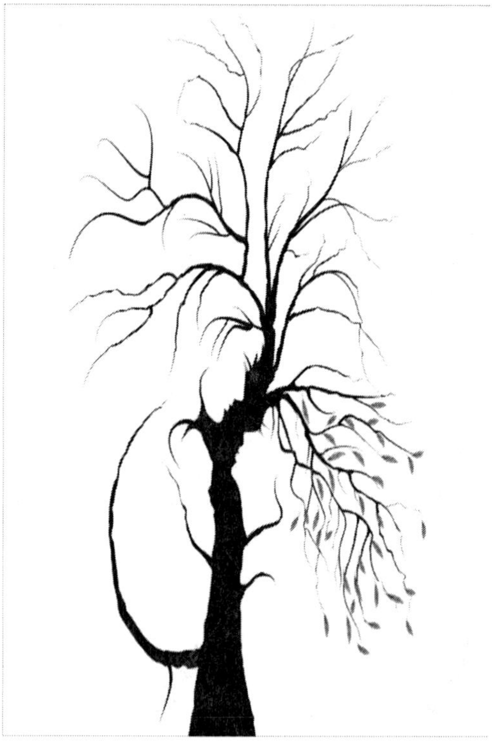

सुकुमारी लेकिन हिम्मती

एक नीला फूल
उगा हुआ है
चट्टानों के बीच
दरारों में
बहुपंखुड़ियों वाला
मखमली।
खिला हुआ है
अकेला।
ओस से लदा
हुआ है, अलबेला ।
कुदरत के जादूगर
ने उसमें जादू
के रंग भरे हैं;
मिट्टी फोड़कर
पाताल के घर
से निकालकर
कैसे धरती की
साड़ी को नीले
रंग से भिगोया है ।
ध्यान, समाधि, अंर्त
चेतना के आसमां

के नीले समुंदर से
धरती की साड़ी
को रंग-रंग दिया
है, और इस छोटी
सी जगह में एक और
आसमां उतार दिया है ।

नशीली शामें !!!

नशीली शामें
वो मुलाकातें
नीले से सपने संजोये हुये
उनींदी नयनों सी-
भीगी रातें
वो मुलाकातें
रेशमी बूँदे पिरोये हुये
जगमग लड़ियों सी-
वे बरसातें
वो मुलाकातें ।

नशीली शामें
वो मुलाकातें ।
चाँदनी का दामन भिगोये हुये
दुग्ध फुहारों सी-
मीठी बातें
वो मुलाकातें ।
बासंती बरखा संजोये हुये
झिलमिल फुहारों सी-
तेरी बातें
वो मुलाकातें ।

नशीली शामें ।
वो मुलाकातें ।
स्याही में क़लम डुबोये हुये
नीली पंखुड़ी सी-
लिखी बातें
वो मुलाकातें ।
स्याही में कलम डुबाये हुये
घनी इबारत सी-
लिखी बातें-
वो मुलाकातें ।
नशीली शामें ।
वो मुलाकातें ।
साँसों की तपिश में खोये हुये
नरम नाजुक सी-
तन की पाँतें
वो मुलाकातें ।
सिहरते आगोश में खोये हुये
गरम कम्पन सी-
भीगी रातें
वो मुलाकातें ।
नशीली शामें ।
वो मुलाकातें ।

सागरीय ज्वार समाये हुये
फेनिल लहरों सी–
तिरती यादें
वो मुलाकातें ।
सागरीय उन्माद समाये हुये
चढ़ते ज्वार सी–
मद् रातें
वो मुलाकातें
नशीली शामें ।
वो मुलाकातें ।
तेरी याद के पंख फैलाये हुये
धड़कते दिल से–
कहं दी ये बातें ।
वो मुलाकातें!!!

-: आकाश-समुंदर :-

बादलों के धुएं में,
धूप-छाँव के
झरोखों से
झाँकता-तैरता
आँख-मिचौनी
खेलता
कहाँ तक जायेगा
ये सूरज का
सफर!
हवाओं के
बूटे पर
फिज़ाओं की
तितलियां
कुदरत की
झांकियां,
रंगों की

वादियां,

पंखों पर

परों पर

सजाए

हुये हैं ।

उजाले की नाव

में बैठा है

सूरज, आकाश

– समुंदर से

करता है बातें,

किरनों के

पाल

धरती पर फैले

धरती के

कोने सजे

हुये हैं,

हरे पानी

के पारदर्शी
फर्श पर
लहरों के
गलीचे
बिछु हुये हैं,
बनते-बिगड़ते
जाते बबूले
दिन के जुगनू
बन चमक रहे
हैं।
प्रिय हम-तुम
विश्व नौका
में बैठे
अनगिनत
नजारे देख
रहे हैं;
मन के
आकाश में
धरती
की
हरीतिमा
और
सुबह
का
उजियारा
निरख
रहे हैं ।

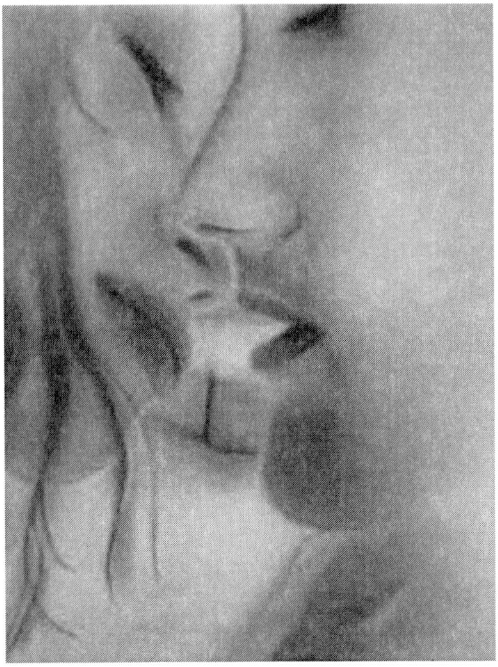

साँझ के पंखों पर

आओ हम तुम एक संगीत बनायें ।
स्वर लहरियों से गीत चुरायें ॥

दूर चंदा की किरनों से-
धवल चाँदनी चुराएं ।
कुमुदनियों के फूलों से
क्यारी-क्यारी सजाएं ।

आओ हम तुम एक संगीत बनायें ।
स्वर लहरियों से गीत चुरायें ॥

अधरों की स्मित रेखा पर ।
राग-रागिनी सजाएं ।
नीली सी फुलवारी से-
घर आंगन सजाए ।

आओ हम तुम एक संगीत बनायें ।
स्वर लहरियों से गीत चुरायें ॥

धुंध की शाम तले,
जो इक दुनिया बसाएं ।
सांझ के पंखों पर
इक उड़ान भर आयें ।

आओ हम तुम एक संगीत बनायें ।
स्वर लहरियों से गीत चुरायें ॥

अहसासों की शाम

अहसासों
की शाम तले
तुम्हारे
बाँहों के
गुल्मों[1]
को
सीने
से
सरकाते हुये
धड़कनों
के
हरे गुलाब[2]
को
खुले
केशों के
अंधेरे
जंगलों में
निकलते
चाँद के

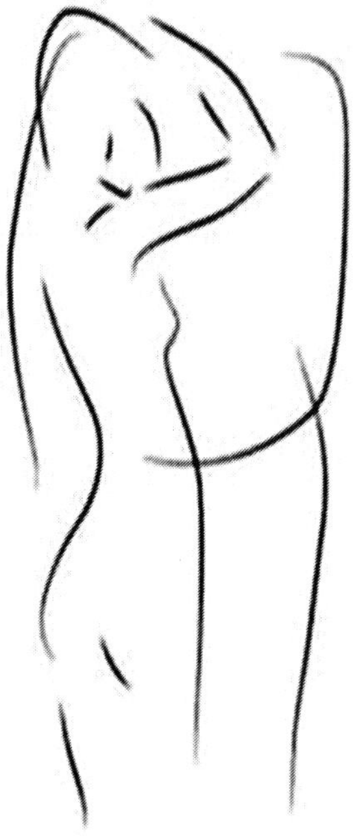

सरोवर

में

गहराती

वर्तुलाकार[3]

परम

शांति

के पत्तों

मध्य

सहस्त्रदल[4]

कमल बना

महकाया है ।

तुम्हारे

कर–कमलों

से

मिली

है

समाधि

निकली

है,

सुर–सरिता

बड़े भीगे

अहसास

से

लिखी है

कविता ।

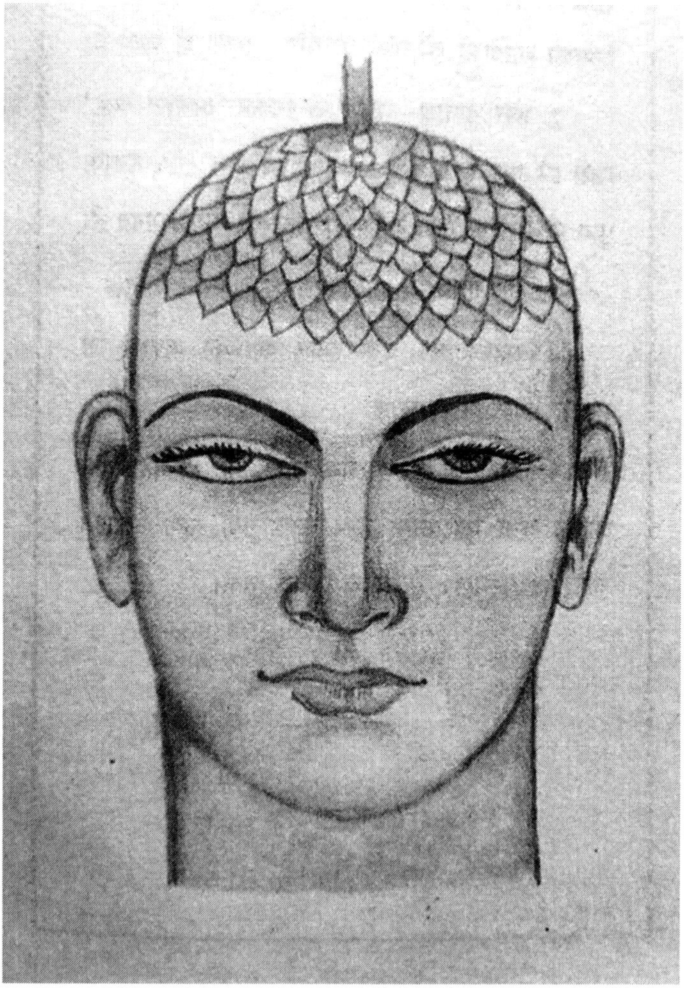

1. गुल्मः- एक प्रकार का कम लम्बाई का शाखाओं युक्त भूमि पर निकलने वाला वृक्ष (झाड़-नुमा), जिसकी शाखाओं को बाँहों के समान तुलना दी जाती है ।

2. हरा गुलाबः- हृदय के निकट 'अनाहत चक्र' जिसे हरे गुलाब के रूप में जानते हैं: कुछ लोग बन्धूक पुष्प के (लाला कांति वाला) समान रंग वाला मानते हैं ।

3. वर्तुलाकारः- गोलाकार, शून्य ।

4. सहस्त्रदलः- एक हजार दल का कमल । जो सहस्त्रार चक्र में स्थित है ।

धड़कनों के हरे गुलाब को .... सहस्त्रदल कमल बना महाकाया है- कुण्डलिनी यात्रा अनाहत चक्र (हृदयस्थल) से सहस्त्रार चक्र तक ।

-: संध्या-सवेरा :-

घिर आयी शाम
सुर्ख गुलाबी
रंग मेहताबी
आफताबी ।
काले पत्थर पर
कुछ दूर हट के
तुम्हारा अस्तित्व
समूची सृष्टि को
भुजाओं में लेता
हुआ तरंगित हो रहा ।
हे विराट !
तुम साथ-साथ
नीले अम्बर की
छत, बादल की
संगमरमरी दीवारों
के घर में -
घुस आयी शाम,
शाम के गुलाबी
परदे के पीछे
जगमगाता, सूरज सा-
चमकीला तुम्हारा
तेज पुंज ।

तुम्हारे अधर कोणों
पे सुरेखा सी इक
निश्चल मुसकान
खिंची हुयी है ।
तुम्हारे होंठों के
कैनवास पर खामोशी
की तूलिका –
बिखेरती जाती शाश्वत
रंग,......... ज्यों सूरज की
किरमिज़ी लकीरों का
ताना बाना बुन रही हों
और झर रहे हों
आतश फूल लाल-लाल ।
इस साँझ के समुंदर
में, आकाश-संध्या ने
नहा लिया है, किरमिची
किरनों से बदन पोंछा है
किरनों का ताना-बाना
बुन, एक और संध्या
-सवेरा बना लिया है ।

किरमिज़ी: *एक किस्म का मटियाला लाल रंग।* **किरमिज़ी:** *एक उम्दा, चिकना, मोटा कपड़ा।* **आतश:** *अनल के समान आग्नेय।*

समाधि

प्यार की आग को
उसके शीर्ष भाग को
होठों से छुआ;
और उतर गई
मन के पानी में ।
तुम्हें चेतना में पाया
मन में समाया
पिघल गई;
रूहें आग में,
पैठ गई गहरे-गहरे
लग गई समाधि,
तेरे-मेरे मन की
तन-मन के मिलन की ।

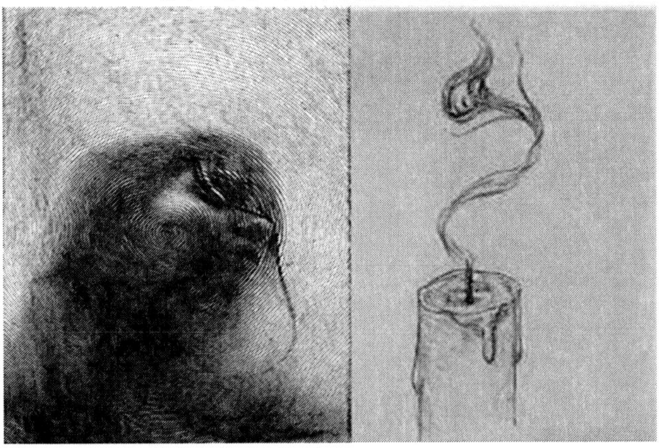

................और एक युग बीत गया

टपकती रूहानियत
को, तुम्हारी आँखों
की मदिरा को –
हर क्षण पिया
हरेक क्षण जिया ।

नव जीवन से
जीवन में –
होंठों के प्यालों को
हर क्षण पिया
हरेक क्षण जिया ।

कँटीले चितवन को
छलकते बदन के
सोमरस को –
हर क्षण पिया
हरेक क्षण जिया ।

यौवन की मदमाती
सुराही से –
नशीली मदिरा को
हर क्षण पिया
हरेक क्षण जिया ।

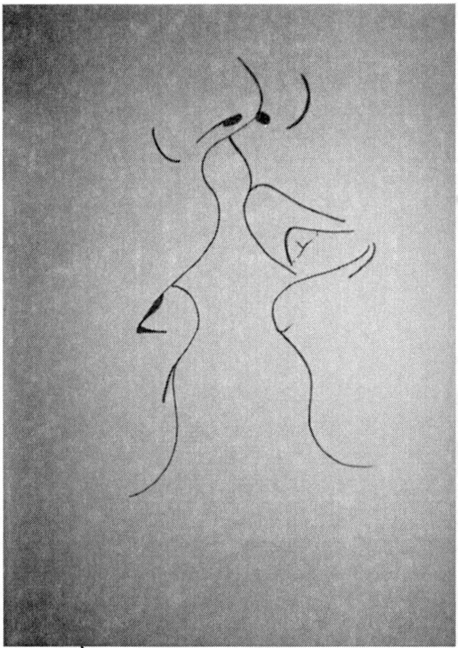

.... और एक युग बीत गया

उजाले की ओर

सितारों की बरात
मेरे मन गह्वर
में आयी थी
अँधेरी-सुबह
ने घूंघटा खोल
उजाले से
माँग भरवायी थी ।

मौसम और गीत

पत्तों ने झिलमिलाती झील
के पानी का ढक लिया,
मौसम का यह फँसाना
हवाओं में तैर गया,
गीत बन कर बादलों
में बिखर गया,
बरस गये बादल-
दरिया में, लहरों में
बन गये मोती तेरी
यादों की सीपी में ।

जादू सा

चाँद का सर्द धुआँ

चाँदनी बन

तैर गया

छल्ले बन बादलों सा

हवाओं में

फैल गया ।

इस धुंध भरी रोशनी में

एक जादू सा

बिखर गया;

तुम्हारी यादें

जलती बुझती

टिमटिमाती

नक्षत्रावलियाँ सी

मन के कोने में

उतर पड़ी ।

तुम, मैं और ठहरे क्षण

मेरे पास खड़ा वो
रूह के कम्पन सा,
साक्षी बना मेरे साथ
देख रहा एक दर्पन सा ।

चित्र सुनहले

और छबीले

रेत के टीले

और रुपहले

एक युगल का

कलरव कल्लोल,

साथ-साथ

ले हाथ में हाथ

दरक जाता

बालू का टिब्बा ।

लिपटते

सरकते

बढ़ते जाते;

कदमों में

साथ-साथ ।

रेत पे

पायल सी

बजती

रेगिस्तान

समुंदर बनता

बालू के

निक्षेप बनते

तिनकों के

बवंडर उठते

चारों ओर

और दूर-दूर !

मेरे साथ

खड़ा रह

वह

मेरा साया

सा बनकर

चलचित्र

सा चलता

जाता सब कुछ

छूकर चारों ओर

और दूर !! दूर !!

-: सलेटी मौसम :-

बहारों का मौसम,
और ये तन्हाई ।
सलेटी सा मौसम,
और ये अंगड़ाई ।।

हम और वो मिले,
जिस ऋतु में,
नीले, पीले फूल
खिले उस ऋतु में ।

संझा भी कैसी-
मादक बन आयी,
इन्द्र धनुषी रंगों
की छटा बिखरायी ।।

हवाओं का मौसम
और ये पुरवाई ।
सलेटी सा मौसम
और ये अंगड़ाई ।

साँझ की रानी
दुल्हन बन आई,
सिंदूरी - माँग
सजा कर आयी ।

हम और वो मिले
जिस ऋतु में-
सपनीले से फूल,
खिले उस ऋतु में ।।

उन्नाबी सा मौसम
और यह अमराई ।
सलेटी सा मौसम
और यह अंगड़ाई ।।

उन्नाबी : उन्नाव (गहरे लाल रंग का बेर जो हकीमी दावा में प्रयुक्त होता है।) फल की रंगत लिए हुए।

शाम का बसेरा

शाम का बसेरा
निर्जन और सुनसान
दूर तक बियाबान,
मोतिये का फूल
सोने की धूल
रूपहली नदी
चाँदनी की कड़ियाँ
लहरों के जिस्म तक
मोतियों की लड़ियाँ ।
तट का सवेरा
सुग्गे की
सुगबुगाहट
झूमती लटकती
आम्र मंजरियाँ
उम्र के इस मोड़ पर
हम साथ-साथ
नादान बन
हाथ में हाथ
ले दूर-दूर
निकल जाएं
कि विस्मृत न हो जाए
जीवन की ये मधु
स्मृतियां !

मोतिय का फूलः *बेला का फूल,* **सुग्गेः** *सुग्गा यानी तोता*

-: दिन के आतशदान में :-

रात-रागिनी के तार छिड़े
सुबह का मिजराब पहन
पलकें खोली सुबह ने
कसे किरनों के तार
अम्बर के सितार पर ।
सुरमय हुये, मधुमय हुये,
रोशन हुये तेरे मेरे ख्वाब
सूरज की लौ से, इस
दिन के आतशदान में ।

आतशदानः ऐसा रोशन कक्ष जहाँ अग्नि प्रज्ज्वलित होती रहती है।

सुरमई शामें!!!

तेरे साथ गुज़ारी
इक सर्द भरी शाम
सुनसान किनारे पर
तेरे गुम्फित बालों में
सजती जाती मेरे
बालों की झालरों
सी लड़ियां ।
कभी तेरे बाजुओं
पर, सीने पर
बिखरती जातीं ।
तेरे स्नेहिल
हाथों में फिसलता
छुपता जाता
चाँदनी सा-
स्निग्ध मेरा चेहरा

पानी का किनारा
नाज़ुक लहरें
सुरमई शामें!

स्लेटी मंजर
आसमान समुंदर पर
झुटपुटा अंधेरा
सुरमई शामें ।

सर्दियों की रातें
खुला हुआ तट,
हम और तुम
साथ - साथ
इन सर्द भरी
रातों में, कोहरे
के बादल ऊनी
दुशाला बुनने लगे ।

स्लेटी चादर
लपेटे हुये हैं
सागर की लहरें
सुरमई शामें !

शफ़्फ़ाफ़ पानी में
उतराता जाता, गहराता
आसमां, रोशनी का छायाचित्र
सुरमई शामें !!

शफ़्फ़ाफ़: *स्वच्छ, साफ*

पीली सी धूप
मुंडेर से उतरती
अपने माही को –
पुकारती ।
छायाओं में खो जाती
देवदार तले –
सुस्ताती
हरी दीवारों में
छुप जाती
धँसती जाती दुपहरी
दिन के दल–दल में,
उतर आता –
झुटपुटा अंधेरा

सरकती जाती
गोधूलि बेला
डूबती जातीं
सुरमई शामें !

बिखरती मोतियों सी शाम
शैवालों की ओट में,
दूऽऽर तक किनारा
सुरमई शामें !

-: <u>स्लेटी शामें</u>!!! :-

बरसों बरस बीत गये
तुम्हारे गये हुये,
बांहो के दायरे
दूर हो गये ।
एक उदास
नज़्म होंठों पर
आ गयी
पानियों से
तैरकर निलय
पर छा गयी
स्लेटी शामें
नदिया पर
प्रतिबिम्बित
हो रही
माँझी की
नावें क्षितिज
पार हो रहीं ।
फिर से
आ जाओ
प्रियवर !
पाल संजा
हुआ है,
चाँद खिला

हुआ है,

क्षितिज पार है-

अपना मिलन

क्षितिज पार है-

अपना अमन !

“खण्ड-ब वियोगजनित काव्य, शायरी, क्षणिकाएँ

-: मन की आरज़ू :-

चेहरा ओस की बूंद
चातक कोई नहीं ।
लब से पिघल
उठते हैं जज़्बात ।
गर्द ही गर्द छाया
हुआ है चारों ओर
पर दिखता–
कारवां कोई नहीं ।
चमकती हैं जुल्फें
रेत के धरातल पर,
पर हिरन प्यासा
कोई नहीं ।
तुम्हारा नाम होंठों
पर आ गया, पर
बीते हुए लम्हे
दगा दे गये ।
बाजियां खेलीं किस
कदर पर बाजीगर
मिला कोई नहीं ।

जज़्बात: *भावनाएं, संवेदनाएं।*

मन की आरज़ू

खिला दे,

भीग जाय-

अंग-अंग ।

ऐसा मेघराज

मिला कोई नहीं ।

-: होली :-

साफ चोली हो जाये
दाग–दाग ।
ऐसी होली कोई
हमसे खेले, पर
हर बदनुमा दाग
तो, रंग नहीं होता ।

-: मंजिलें :-

मंजिलें ऐसे नहीं मिलतीं
तकदीर का भी हिस्सा है,
खुदा की अमानत है;
लकीरों का किस्सा है ।

आस कहाँ से लाऊँ
जिंदगी रूठ रही है,
उनके सपनों की-
फेहरिस्त टूट रही है ।

शायरी-1

अलविदा कहा पर उनको पहले ही जाना था
दोस्ती को दुश्मनी में बदल जाना था ।

शायरी-2

छुपे हैं इस कदर तन्हाइयों
के चिलमन में,
कि रास्ते में कोई
मुसाफिर नहीं दिखता।

शायरी-3

रात वह इकरार की इनकार की ढलती रही ।
जिन्दगी को खूबसूरत सी सजा मिलती रही ।।
प्यार में महबूब के दुनिया सजायी थी कभी,
तीरे तन्हाई जिगर के पार वो करती रही ।।
कसमसाते होठों पर मुस्कान इक सजती रही,
इंतजारों में तुम्हारे हाथ वह मलती रहीं ।
दिल के अफसाने हुये बंजर न कलियाँ-फूल हैं,
हिज्र की आतिश में प्यारी जिंदगी जलती रही ।

1

थोड़े में ही वो, जिंदगी
को लफ्ज़ दे गये
आशनाई की माथे पर
मुहर लगा - गये ॥

2

रिश्तों की फेरबदल में,

सब आंकड़े खो गये ।

जिंदगी की गणित में,

कमज़ोर विद्यार्थी हो गये ।

3

पहनते क्या वो कम

ज़र्फ चोली हम,

कमबख्त किस्मत का

बदन दिखता है ।

4

रुसवा कर मुझे,

गुनाहगार कर दिया ।

उनकी बज़्म में मुझे,

शर्मसार कर दिया ।

5

किस्मत बहुत ऊँची न थी
जितना बड़ा हौंसला था।
हम तो दाग-दाग हो गये
पर उनका लिबास कोरा था।।

6

आसमां है, उड़ान है और
उड़ान को फड़फड़ाते पंख।
धँस जाते कीचड़ में-
पांव, कभी तपते फर्श
पर, कभी चलते अकेले।

“खण्ड-स विविध रचनाएं”

ऐतबार

सूरज की रोशनी से-
एक जलती किरन
उधार .... लूँ ।
अंधेरे की छाती में,
दिन की नज़्म,
उतार ...... लूँ ।
रोशन है ... दायरा,
ख्यालों और तदवीरों
से, इंतजार
और ऐतबार की
घड़ी भर
गुजार .... लूँ ।

चाँद का आईना

चाँद का आईना
एक उलझी लट
संवार लूं,
अंधेरे की छाती में
एक रोशनी की किरन
उतार दूं।
उलझा रहे मुकद्दर
गुम होती रही राहें
जंगलों को काटकर
आसमां धरा पर
उतार दूं ।

पुरवैय्या की धौंकनी

पुरवैय्या की धौंकनी से-
तारों की अंगीठी में ।
रात का कोयला
सुलगाया है ।
    और
आसमान के चूल्हे पर
रात का तवा रख
चाँद की रोटियाँ
सेंकी हैं ।
अब दुनिया के माथे पर
गरीबी का टीका न होगा।
और सभ्यता की हथेलियों पर
भुखमरी की लकीरें न होगीं ।

खामोशी और सुर

रात गई
चमकीले अक्षर भी खो गये !!!
सुबह सिर्फ
बारिश की बूदों का
अहसास था,
वो मनोरम लाली न थी,
घटा के काले कम्बल को ओढ़ें
ठिठुरता सबेरा था,
मन की कोयल
कुहुक रही थी
पर सुर न थे,
खामोशी ही
सुर बन गयी थी !